Made in the USA
Monee, IL
27 September 2021

78878748R00063